DAS IST DAS
KATZENBUCH
VON

Laura. gerloff ....

MEIN KATZEN-BUCH

Rainer Stehr

Bassermann

Inhalt

Meine Katze

Hast du eine Katze? Dann kannst du auf dieser Seite alles eintragen, was für dich und deine Katze interessant ist.

Meine Katze heißt:

Alter:

Geschlecht (männlich oder weiblich):

Meine Katze wurde geschenkt von:

oder gekauft bei:

So lange habe ich meine Katze schon:

Rasse oder besondere Merkmale:

So sieht meine Katze aus:

Hier kannst du ein Foto deiner Katze einkleben oder ein Bild malen.

Wenn du keine eigene Katze hast,
kannst du auch einfach Katzen malen
oder einkleben, die du schön findest.

Bist du bereit für eine Katze?

Katzen sind wunderbare Haustiere: Sie sind häuslich und anhänglich, aber auch sehr eigenwillig. Eine Katze hat ihren eigenen Kopf. Trotzdem liebt sie Gesellschaft und kann richtig verschmust sein, wenn du ihr ein gemütliches Zuhause bietest.
Eine Katze stellt Ansprüche an dich. Sie braucht Pflege, Aufmerksamkeit und Beschäftigung. Und zwar gleichmäßig und zuverlässig über Jahre, denn eine Katze kann sehr alt werden (im Durchschnitt 14 bis 18 Jahre).

Bevor du dir eine Katze anschaffst, solltest du prüfen, ob du ihre Ansprüche erfüllen kannst. Wenn du bereits eine Katze hast: Bietest du ihr, was sie braucht?

Sorgfältige Pflege
Die Katze braucht täglich Futter, Wasser und Zuwendung. Obwohl sie ein sehr selbständiges Tier ist, verlangt sie eine enge Bindung an Partner. Und ihr Hauptpartner bist du.

Wenn deine Katze einmal krank wird, muß sie vielleicht zum Tierarzt. Und wenn du in den Ferien weg bist, muß sich jemand um sie kümmern.
Auch deine Familie muß mit der Katze einverstanden sein. Ist geklärt, wer das Futter kauft und bezahlt? Vielleicht kümmern sich Mitglieder deiner Familie um dein Tier, wenn du einmal keine Zeit hast.

Immer ist was los!

Eine Katze verlangt Aufmerksamkeit. Sie will spielen, schmusen, jagen – am liebsten mit dir oder in deiner Nähe. Wenn sie nur in der Wohnung lebt, ist sie ganz auf dich angewiesen. Wenn sie auch einmal in den Garten darf, etwas weniger.

Verschiedene Haustiere zusammen

Wenn bei euch bereits Haustiere leben, kann die Anschaffung einer Katze Probleme machen. Zwei fremde Katzen aneinander zu gewöhnen geht nach einigen Kämpfen meist gut. Hund und Katze brauchen viel länger, um sich zu respektieren, können aber auch Freunde werden. Vögel, Meerschweinchen, Zwergkaninchen und andere kleine Tiere haben es schwer, wenn du eine neue Katze ins Haus holst. Denn es liegt in der Natur der Katze, diese Tiere zu jagen.

Sind die Vermieter einverstanden?

Bei einer Mietwohnung mußt du klären, ob die Katze vom Vermieter geduldet wird. Wenn es nicht ausdrücklich im Mietvertrag steht, holst du am besten die schriftliche Erlaubnis ein.

Katzenallergie?

Manche Menschen haben eine Katzenallergie. Wenn ihnen Katzen nahekommen, bekommen sie Schnupfen, Hautausschläge oder andere Krankheitsmerkmale. Wenn du eine Katze willst, darf natürlich niemand in deiner Familie gegen Katzen allergisch sein. Wenn ihr nicht sicher seid, macht beim Hautarzt einen Allergietest.

Bist du ein guter Katzenhalter?

Mach doch mal diesen kleinen Test. Dann weißt du etwas genauer, ob du ein guter Tierhalter oder eine gute Tierhalterin sein kannst. Du mußt einfach ankreuzen, was für dich zutrifft.

○ Ich habe jeden Tag etwas Freizeit.

○ Ich kann mich gut auf eine Sache konzentrieren.

○ Ich habe mich schon früher um Tiere gekümmert.

○ Ich weiß, wie ich im Urlaub meine Katze versorge.

○ Ich übernehme zu Hause schon feste Aufgaben.

○ Ich weiß, daß ein Tier jeden Tag Geld kostet.

○ Schön ist, wenn auch andere Leute Freude an meiner Katze haben.

Wie viele Kreuzchen hast du auf jeder Seite gemacht?

☐ Kreuzchen in der linken Spalte

- Ich verliere schnell die Geduld.
- Mit Tieren kenne ich mich nicht so gut aus.
- Ich will meine Katze ganz für mich alleine haben.
- Wenn ich weg bin, müssen sich eben andere um meine Katze kümmern.
- Meine Tage sind mit Schule und Hobbies ganz ausgefüllt.
- Zu Hause erledige ich nicht gerne Aufgaben mit Schmutz und Dreck.
- Über das Geld für ein Tier habe ich noch nicht nachgedacht.

Kreuzchen in der rechten Spalte

Wenn du wenigstens 4 Kreuzchen in der linken Spalte hast, kannst du ein guter Tierhalter sein. Wenn du außerdem weniger als 4 Kreuzchen in der rechten Spalte hast, dann hat es dein Tier wirklich gut bei dir.

Wenn ihr eine Katze ins Haus holt ...

Wo soll die Katze herkommen?
Eine Katze kann man in einer Tierhandlung oder beim Züchter kaufen. Manchmal findet man in der Lokalzeitung Anzeigen von Privatpersonen, die Katzen abzugeben haben. Auch in Tierheimen gibt es viele Katzen. Viel zu viele. Vielleicht gefällt dir eines der Heimtiere. Mit seiner Wahl schenkst du ihm ein neues Zuhause. Du solltest aber, bevor du dich für ein Tier entscheidest, den Tierpfleger genau nach dem Charakter und den Eigenarten der Katze fragen. Leider sind die Tiere im Tierheim manchmal etwas verstört und verschüchtert, weil sie schlechte Erfahrungen mit Menschen gemacht haben. Wenn du aber ihr Vertrauen gewinnst, werden sie meist anhängliche Haustiere.

Wie alt soll die Katze sein?
Ein junges Tier gewöhnt sich schneller an dich als ein älteres. Kätzchen sollten aber mindestens zwölf Wochen alt sein. Erst dann darf man sie aus ihrer Kinderstube herausnehmen.

Was mußt du noch beachten?
Dein neues Tier sollte gesund sein. Anzeichen dafür sind ein glänzendes, glattes Fell. Und trockene, saubere Augen, eine trockene Nase und ein

kräftiger Körper. Die Katze sollte vom Tierarzt untersucht und geimpft sein. Geimpfte Tiere haben immer einen Impfausweis.

Kater oder Kätzin?

Bei der Anschaffung eines Einzeltiers kannst du wählen zwischen Kater und Kätzin. Es gibt einige Unterschiede. Kater sind etwas eigenständiger als Kätzinnen. Zeitlebens versuchen sie, ihr Revier abzugrenzen – auch in der Wohnung. Manchmal markieren sie ihr Wohnungsrevier sogar mit Urinspritzern. Sie werden etwas größer und stärker als weibliche Tiere. Kätzinnen sind ihrem Pfleger oder ihrer Pflegerin eng verbunden. Vor allem, wenn sie als Einzeltier gehalten werden. Eine Kätzin kann, wenn sie nicht kastriert ist, mehrere Male im Jahr Junge bekommen. Man sagt dann, sie ist brünstig. Manchmal miaut sie während dieser Zeit lang und laut.

Schau deine Katze genau an

Kater sind kräftiger gebaut als Kätzinnen und haben einen breiteren Kopf

Kastration

Kätzin und Kater sollten kastriert werden. Bei der Kastration entfernt der Tierarzt in einer Operation Teile der Geschlechtsorgane. Die Tiere können dann keine Junge mehr bekommen. Auch ihr Verhalten ändert sich. Sie werden oft ruhiger und ausgeglichener.

Stell dir vor, eine Katze bekommt Junge, und es gibt keinen Platz für die Kleinen. Das wäre sehr traurig. Da ist es besser, eine Katze bekommt erst keinen unerwünschten Nachwuchs. Bei der Operation sollte das Tier nicht zu jung sein. Am besten läßt du dich von deinem Tierarzt beraten.

Eine oder mehrere Katzen?

Einzeln gehaltene Katzen schließen sich meist eng an ihren Pfleger oder ihre Pflegerin an. Der Mensch ist ihr wichtigster Partner. Man kann auch mehrere Katzen zusammen halten, zum Beispiel Geschwister aus einem Wurf oder auch fremde Katzen. Du mußt sie dann vorsichtig aneinander gewöhnen. Außerdem sollten alle Tiere kastriert sein.

Zwei oder mehr Katzen können sich gut miteinander beschäftigen. Der Mensch ist für sie dann nicht der einzige Ansprechpartner.

Wenn also bei euch zu Hause Platz ist, könntet ihr überlegen, ob ihr mehrere Katzen aufnehmen wollt. Das ist besonders wichtig, wenn ihr öfters nicht zu Hause seid und eine einzelne Katze sich langweilen könnte.

Wenn du keine Katze halten kannst

Vielleicht gibt es ja gute Gründe, warum du keine eigene Katze haben kannst, zum Beispiel, wenn einer in deiner Familie gegen Katzenhaare allergisch ist. Das bedeutet aber nicht, daß du ganz auf den Umgang mit Katzen verzichten mußt!

Überleg doch mal: Wo gibt es in deiner Umgebung Katzen, um die du dich kümmern könntest? Bei Nachbarn? Bei alten Leuten, die sich nicht mehr so gut bücken können? Vielleicht findest du ja eine süße Pflegekatze, die sich auf deine Besuche freut! Viele Leute wissen auch nicht, wer sich in ihrem Urlaub um ihre Katze kümmern soll. Hier könntest du einspringen und deine Hilfe anbieten.

Auch im Tierheim wird manchmal Hilfe gebraucht. Frag dort einmal nach.

Was die Katze alles braucht

Zum Leben einer Katze gehört einiges an Zubehör.

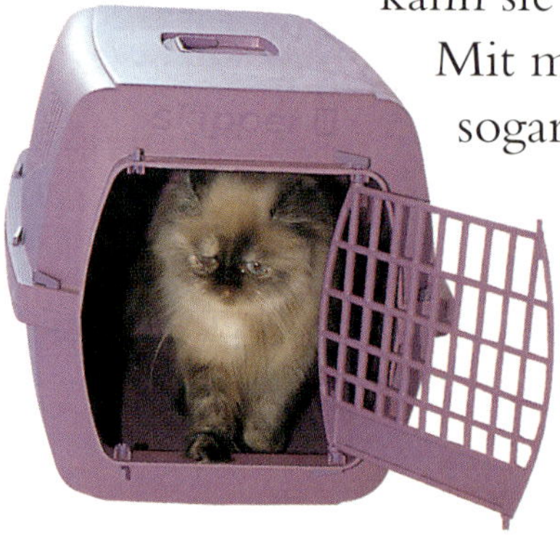

Transportkorb

Für den Transport des Tieres brauchst du eine Box mit sicher verschließbarer Öffnung. Transportkäfige gibt es aus Korbgeflecht, Kunststoff und Metall. Du solltest sie mit Decke oder Kissen weich und warm polstern.

Katzenband

Ein Hals- oder Bauchband mit Leine hält die Katze bei dir. Das ist immer wichtig, wenn du mit ihr außer Haus bist, zum Beispiel beim Tierarzt. Viele Katzen werden im Tierarzt-Wartezimmer unruhig und ängstlich, wenn man sie in der Transportbox läßt. Ruhiger ist deine Katze auf deinem Schoß. Mit der Leine kann sie nicht weglaufen.

Mit manchen Katzen kann man sogar an der Leine spazierengehen, zum Beispiel mit einer umgänglichen Siamkatze. Die meisten Katzen mögen das aber gar nicht!

Katzentoilette

Am besten ist eine Katzentoilette aus kratzfestem Kunststoff. Sie ist haltbar und leicht auszuwaschen. Dazu brauchst du eine kleine Schaufel und die sogenannte Einstreu, mit der du den Boden des Katzenklos bedeckst. Praktisch ist eine Kunststoffwanne mit Überdachung. Katzen scharren in ihrer Einstreu und wirbeln sie auf; bei einem Dach bleiben die Teilchen im

Klo. Gute Einstreu bindet den Geruch. Du bekommst sie im Zoohandel und in Supermärkten.

Näpfe

Die Katze sollte mindestens zwei Futternäpfe bekommen: einen für Frisch- und Dosenfutter, einen für knuspriges Trockenfutter. Kratzfeste

Näpfe aus Hartkunststoff oder Porzellan sind hygienisch. Sie lassen sich leicht auswaschen.

Dein Tier braucht auch einen Trinknapf. Katzen trinken wenig, weil sie viel Flüssigkeit aus ihrem Frischfutter ziehen. Trotzdem muß man ihnen stets frisches, zimmerwarmes Wasser anbieten. Zum Trockenfutter schlürft die Katze sogar sehr viel davon.

Futter

Am Anfang genügt Dosenfutter. Das gibt es in zahlreichen Sorten. Es ist eine echte Vollwertkost; die Katze bekommt alle Nährstoffe und Vitamine, die sie braucht. Als Leckerei kannst du auch Trockenfutter bereithalten. Später wird dir deine Katze zeigen, was sie noch gern mag. Ihr Leckermäulchen kann ganz schön wählerisch sein. Sie will vielleicht mit dir dein Frühstücksei teilen und von deinem Fleischgericht etwas abbekommen. Hähnchen, Krabben, Butter, Hack, Sahne – sie erbettelt fast alles. Aber nicht alles solltest du ihr geben – lies dazu das Kapitel „Was frißt meine Katze?".

Grasschale

Durch das Lecken ihres Fells sammeln sich im Magen jeder Katze Haare. Diese Haare würgt die Katze aus dem Magen heraus. Das hört sich schlimm an, ist es aber nicht. Das Herauswürgen fällt ihr leichter, wenn sie Gras gefressen hat. Dafür gibt es im Zoohandel Schalen mit Katzengras.

Kratzpfosten

Ein Kratzpfosten ist für die Katze ganz besonders wichtig. Sie schärft daran nicht nur ihre Krallen, sondern er ist auch eine Art Blitzableiter für ihre Gefühle. Die Katze läßt sich daran aus; meist kratzt sie aus Freude, manchmal auch aus Wut. Im Zoohandel gibt es viele Kratzbaummodelle. Viele sehen schön aus, sind aber nicht gut geeignet. Am besten wählst du einen Holzpfosten mit 10 x 10 cm Breite und Tiefe. Er sollte mit starkem Seil umwickelt und mindestens 1 m hoch sein. Ganz wichtig ist eine stabile Grundplatte von mindestens 50 x 50 cm Größe. Eine Platte oder ein Holzkasten oben macht den Pfosten zum Katzenaussichtsturm.

Kamm und Bürste

Beides brauchst du zur Fellpflege. Die ist bei langhaarigen Katzen besonders wichtig. Das Langhaarfell verfilzt leicht. Die eigene Fellpflege der Katze reicht dann nicht aus. Mit Kamm und Bürste kann man auch Schmarotzer wie Flöhe aus dem Fell entfernen. Außerdem mögen es viele Katzen sehr gern, wenn sie weich und zart gebürstet werden.

Handtücher

Ein oder zwei alte, weiche Handtücher solltest du für deine Katze reservieren. Du brauchst sie zum Trocknen, falls das Tier einmal gebadet wird.

Spielzeug

Das braucht jede Katze. Beim Spielen kennt ihre Fantasie keine Grenzen. Sie jagt einer Stoffmaus hinterher, aber auch einem einfachen Wollfaden, den du vor ihr herziehst. Oder sie treibt eine Kugel aus zerknülltem Papier durchs Zimmer. Rot ist übrigens ihre Lieblingsfarbe.

Wolldecken

Warme Decken oder Kissen braucht deine Katze für ihren Schlafplatz. Katzen mögen es gern warm, weich und flauschig. Am besten sind zwei oder mehrere Ruheplätze für das Tier. Es kann dann selbst wählen. Am liebsten mag es warme Plätze in deiner Nähe oder bei der Heizung. Wenn du merkst, daß die Katze einen Platz in der Wohnung besonders mag, kannst du ihre flauschige Unterlage dort plazieren. Nur möglichst nicht, wenn es in deinem Bett ist.

Tor in der Tür

Wenn deine Katze ins Freie darf, kannst du ihr den Ausgang erleichtern. Dafür gibt es 20 x 25 cm große Klapptore, die man vom Tischler in die Haustür einsetzen läßt. Die Katze kann dann selbständig heraus und wieder herein.

Was alle Katzen gemeinsam haben

Wenn du dir eine Hauskatze anschaust, dann siehst du bei ihr viele elegante Bewegungen. Du kannst ihre große Schnelligkeit und Geschicklichkeit beobachten, zum Beispiel, wenn sie versucht, eine Fliege zu fangen. Katzen können ganz fantastisch springen, fangen und klettern. Das haben unsere Hauskatzen mit ihren vielen Verwandten gemeinsam. Hast du dir schon einmal überlegt, daß Hauskatzen zur großen Familie der Katzen gehören? Und daß die allermeisten Verwandten unserer zahmen Hauskatze in freier Wildbahn leben?

Natürlich haben Verwandte vieles gemeinsam: So sind zum Beispiel alle Katzen Landraubtiere. Das bedeutet, daß sie auf dem Land leben und Beutetiere jagen.

Die Katzenfamilie ist über die ganze Welt verbreitet und besteht aus etwa 50 verschiedenen Arten. Viele davon kennst du aus dem Zoo, dem Zirkus oder dem Fernsehen: Löwe und Tiger zum Beispiel, Puma, Leopard, Panther, Gepard und Luchs. Vielleicht kennst du auch die Europäische Wildkatze.

Katzen sind Einzelgänger

Fast alle Mitglieder der Katzenfamilie sind Einzelgänger. Sie jagen und leben allein. Nur zur Paarungszeit treffen männliche und weibliche Tiere zusammen. Ausnahmen sind Löwe, Gepard und Schneeleopard. Sie leben paarweise oder gesellig in Rudeln. Auch die Hauskatze kann gut mit anderen Katzen zusammenleben.

Scharfe und einziehbare Krallen

Die Krallen der Katze sind wie Sicheln halbrund geformt und sehr scharf. Unsere Hauskatze hat an den Vorderpfoten fünf, an den Hinterpfoten nur vier Zehen. Im Unterschied zu Bären, Hunden und anderen Landraubtieren können fast alle Katzen ihre Krallen einziehen. Sind die Krallen eingezogen, werden sie beim Laufen nicht abgenutzt und bleiben schön scharf. Wenn die Katze auf der Jagd ist, können die Krallen beim Sprung auf das Beutetier blitzartig ausgefahren werden.

Säbelzähne zum Beutereißen

Zusätzlich zu scharfen Krallen braucht ein Raubtier wie die Katze auch scharfe Zähne. Alle Katzenarten haben säbelförmige Eckzähne. Damit wird ihre Beute gerissen und getötet. Bei unserer Hauskatze sind diese Zähne gerade so lang, daß man sie bei geschlossenem Maul nicht sieht.

Schau deine Katze genau an

Ausgefahrene Krallen

Zähne: Auffällig sind besonders die säbelförmigen Eckzähne

Elastische Knochen
Hauskatzen haben eine sehr elastische Wirbelsäule. Sie besteht aus je sieben Hals- und Lendenwirbeln, dreizehn Brustwirbeln, dem Kreuzbein und bis zu 26 Schwanzwirbeln.
Katzen können auch nach hohen Sprüngen (oder nach einem Absturz aus einem Baum) meist ohne Knochenbruch auf den Beinen landen. Die Vorderbeine federn die Landung sanft ab.

Auf leisen Sohlen ...
Katzen schleichen sich fast lautlos an. Sie ducken sich dabei ganz tief, bewegen sich nah an die Erde und schauen vorsichtig nach allen Seiten. Die Pfoten werden ganz langsam und leise aufgesetzt.
Wenn sie nahe genug herangekommen sind, laufen sie auf das Beutetier zu – mit allerhöchster Geschwindigkeit.
Die schnellste der Katzenarten ist der schlanke, hochbeinige Gepard: Er erreicht ein Tempo von 100 km/h! Damit ist er der Rennweltmeister der Landtiere.

Scharfe Sinne
Katzen können hervorragend sehen, hören und tasten und ziemlich gut riechen. Wegen ihres guten Gehörs

Schau deine Katze genau an

Durch die Polsterung der Ballen können Katzen fast lautlos gehen.

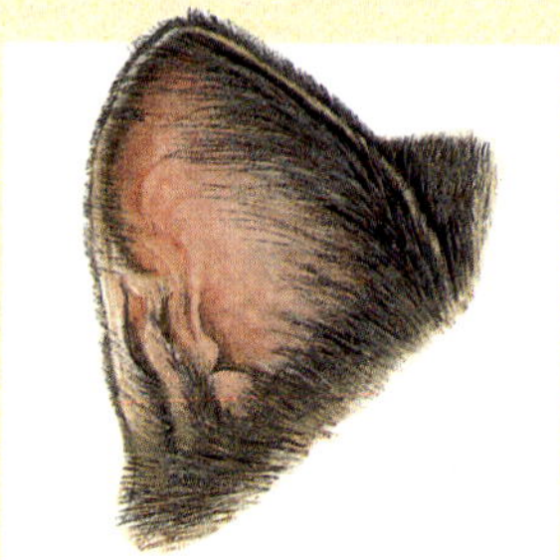

Katzen können ihre Ohren in fast jede Richtung drehen, um Geräusche aufzufangen

Die Schnurrhaare dienen als Tastorgane

sind sie sehr lärmempfindlich. Bei Krach in ihrer Nähe werden sie oft unruhig und nervös. Deshalb sollte man mit einer Katze immer leise sprechen und ihr laute, harte Geräusche ersparen. Laute Musik mag sie zum Beispiel überhaupt nicht.

Menschen tasten vor allem mit ihren Fingern. Katzen haben ganz andere Möglichkeiten. Die Schnurrhaare sind ihre Tastorgane. Ebenso die langen Haarbüschel über den Augen, am Kinn, an den Wangen und über dem Daumenballen ihrer Vorderpfoten. Mit diesen Haaren ertastet die Katze auch bei völliger Dunkelheit ihre Umwelt. Die Tasthaare darf man niemals beschneiden oder kämmen. Die Katze wäre dann hilflos und unsicher.

Auch die Haare über den Augen sind Tastorgane

Die Katzensprache

Fast alle Katzenarten sprechen in ähnlichen Sprachen. Sie drücken sich aus durch Fauchen, Maunzen oder Schnurren.

Katzen sprechen auch durch Gebärden, zum Beispiel durch Stellung und Bewegung des Schwanzes.

Untereinander verstehen Katzen sich sofort. Für andere Tierfamilien aber ist die Katzensprache eine Fremdsprache. Zwischen Katze und Hund zum Beispiel gibt es oft Mißverständnisse: Beim Hund drückt das Wedeln und Schlagen mit dem Schwanz Freude aus. Bei der Katze aber zeigt es Erregung und Kampfbereitschaft.

Wie man Katzen versteht, erfährst du im Kapitel „Die Katzensprache“.

Wie entstand die Hauskatze?

Unsere Hauskatzen stammen alle von der in Nordafrika heimischen Falbkatze ab. Die Falbkatze gibt es heute noch als Wildtier. Sie lebt in den Nilländern Ägypten und Sudan und auf der Halbinsel Sinai. Manchmal werden noch wilde Falbkatzen gefangen und als Mäusejäger gehalten. Die Ähnlichkeiten zur Hauskatze erkennt man sofort. Von der Falbkatze haben unsere Haustiere auch ihre Vorliebe für Wärme und Sonne geerbt – und ihre große Wasserscheu!

Schon vor etwa 5 000 Jahren wurde aus dem Wildtier Katze ein Haus- und Hoftier.

In den reich gefüllten Kornspeichern des alten Ägypten waren Mäuse und Ratten eine große Plage. Deshalb fing man damals Falbkatzen und setzte sie als Nagetiervertilger in den Getreidekammern ein. Im alten Ägypten wurde die Katze als heiliges Tier verehrt. Götter wurden häufig in Katzengestalt dargestellt.

Aus der Nachzucht gefangener Falbkatzen entstanden nach und nach umgängliche Hauskatzen. Sie waren an den Menschen gewöhnt und weniger wild und aggressiv als ihre Vorfahren. Durch reisende Kaufleute, mit Kriegszügen und als Rattenfänger auf Schiffen gelangten Katzen aus Afrika bald in alle Welt. In Mitteleuropa ist die Katze seit rund 450 Jahren als geschätztes Haustier weit verbreitet.

Altägyptische Skulptur der Göttin Bastet

Falbkatze

Eine Wildkatze in Europa

Die Menschenfreundlichkeit von Katzen ist eine Mischung aus Erbe, Erziehung und Gewöhnung. Sie ist entstanden durch das lange Zusammenleben mit dem Menschen.
In unseren Gebirgswäldern lebt noch die Europäische Wildkatze. Sie ist unseren Hauskatzen ähnlich, aber sie hat nicht das gleiche Erbe. Deshalb bleiben Wildkatzen eher menschenscheu und ungesellig. Sogar dann, wenn man sie schon als Katzenbabys in liebevolle Obhut nimmt.

Europäische Wildkatze

Von der Urform zu den vielen verschiedenen Rassen

Der Mensch vermehrte die Katze über Abertausende von Generationen. Dabei entstanden manchmal Kätzchen, die etwas anders waren als ihre Vorfahren. Zum Beispiel hatten sie ein längeres Fell, eine andere Farbe, ein ruhigeres Wesen. Ihr Erbgut war verändert.
Durch die Auslese und Züchtung solcher Tiere entstanden die zahlreichen Katzenrassen, die wir heute kennen.

Hast du schon gewußt …

… daß Katzen Wärmefühler haben?
Ihre Wärmefühler liegen an der Nase. Die sind besonders wichtig für ganz junge Kätzchen. Die Neugeborenen finden damit zusammen, um sich gegenseitig warm zu halten. Und sie finden so an die Zitzen der Mutter.

… daß Katzen die Beutejagd von ihrer Mutter lernen?
Das Mäusefangen ist Katzen angeboren. Den geschickten Umgang mit dem Beutetier lernen sie aber von der Mutter. Wenn die Kätzchen älter werden, probieren sie das Fangen selbst. Am Anfang entwischen ihnen noch viele Mäuse.

… daß Katzen sich viel größer machen können, als sie sind?
Wenn Katzen einen Buckel machen und die Haare abspreizen, wollen sie anderen Furcht einjagen.

… daß Katzen ihren Schwanz als Balancier- und Steuerstab benutzen?
Das ist wichtig beim Klettern und Springen. Sie halten mit ihrem Schwanz das Gleichgewicht auf Bäumen und Mauern. Im Sprung steuert der Schwanz der Katze die Flugrichtung aus.

… daß Katzen ihr Revier mit Duftstoffen markieren?
Drüsen an Kinn und Wangen scheiden einen Duft aus. Jede Katze hat einen anderen, unverwechselbaren Duft, den Menschen allerdings nicht riechen können. Wenn deine Katze ihren Kopf an dir reibt, will sie dich markieren – du sollst ihr Eigentum sein. Ebenso markiert sie ihre Reviere draußen und drinnen. Zum Beispiel reibt sie sich an Zäunen und Möbeln.

Schau deine Katze genau an

Der Schwanz dient als Balancier- und Steuerstab

So packt eine Katzenmutter ihre Jungen – am Genick!

Der Katzenbuckel soll anderen Furcht einjagen

… daß Katzenmütter mit ihren Babys umziehen?

Katzenmütter verlassen mit ihrem hilflosen Nachwuchs wenige Tage nach der Geburt das alte Nest und suchen einen neuen, sicheren Platz. Sie tun das instinktiv, denn das verschmutzte Nest könnte durch seinen starken Geruch Feinde anlocken.

… wie Katzenmütter ihre Babys transportieren?

Die Mutter packt die Kleinen mit ihrem Maul vorsichtig am Genick. Die Babys sind dabei bewegungslos und gekrümmt wie im Mutterbauch.

… daß Katzen sogar mit Beutetieren und Erzfeinden Freundschaft schließen?

Sie tun dies zum Beispiel mit Nagetieren oder Hunden. Aber meist nur, wenn die Tiere gemeinsam aufgewachsen sind. Die Katze erkennt ihren Freund am Körpergeruch.

Kleine Katzenkunde

Wer Katzen liebt, möchte viel über sie wissen. Diese kleine Katzenkunde erklärt dir wichtige Begriffe aus der Katzenwelt.

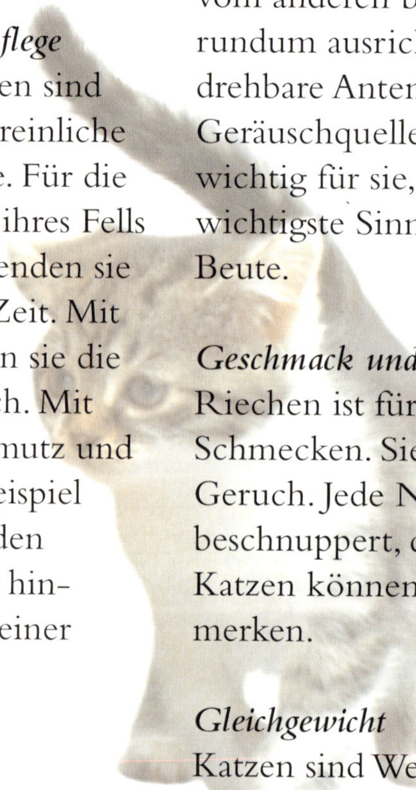

Fellpflege
Katzen sind sehr reinliche Tiere. Für die Pflege ihres Fells verwenden sie viel Zeit. Mit ihrer rauhen Zunge kämmen sie die Körperhaare gründlich durch. Mit den Zähnen beißen sie Schmutz und Schmarotzer heraus, zum Beispiel Flöhe. Am Gesicht und an den Ohren, wo die Zunge nicht hinkommt, putzen sie sich mit einer Vorder- oder Hinterpfote.

Farbensehen
Katzen können die Farben Blau und Grün sehen, aber nicht die Farbe Rot. Ihre Welt sieht deshalb ganz anders aus als unsere.

Gehörsinn
Die Katzenohren werden von rund zwei Dutzend Muskeln bewegt. Die Katze kann jedes Ohr unabhängig vom anderen bewegen und nahezu rundum ausrichten, fast wie eine drehbare Antenne. So ortet sie Geräuschquellen sehr genau. Das ist wichtig für sie, denn das Gehör ist der wichtigste Sinn bei der Ortung von Beute.

Geschmack und Geruch
Riechen ist für Katzen wichtiger als Schmecken. Sie erkennen alles am Geruch. Jede Nahrung wird erst beschnuppert, dann geschmeckt. Katzen können sich Düfte jahrelang merken.

Gleichgewicht
Katzen sind Weltmeister beim Ausbalancieren des Körpers. In ihrem Innenohr befindet sich ein Gleichgewichtsorgan mit sehr feinen Sinneshärchen. Beim Fallen richtet sich das Tier stets so aus, daß es auf den Füßen landet.

Mäusesprung
So nennt man die Fangtechnik der Katze. Sie springt mit einem hohen Satz auf ihre Beute herunter, packt dann mit den Krallen zu. Du kannst den Mäusesprung bei deiner Katze beobachten; sie übt ihn oft im Spiel.

Milchtreten
So heißt das Pfotentreten von Katzenbabys an den Zitzen der Mutter, wenn sie Milch bekommen wollen. Das Pfotentreten, das ihnen als Babys Gutes brachte, behalten Katzen meist auch im Alter bei. Du kannst es zum Beispiel beobachten, wenn deine Katze sich auf einer flauschigen, warmen Decke zum Schlafen hinlegt.

So dreht sich eine Katze beim Fallen

Pupillen
Die Form der Augenpupillen ändert sich bei Katzen rasch. Bei wenig Licht weiten sie sich und werden kreisrund. Sie fangen dann alles Licht ein, das vorhanden ist. Deshalb kann eine Katze auch in der Nacht bei schwachem Sternenlicht noch gut sehen. Bei grellem Licht ziehen sich die Pupillen zum Schutz schlitzartig zusammen.

Schlaf
Katzen schlafen sehr viel, im Durchschnitt 13-15 Stunden täglich. Der Schlaf ist unterschiedlich tief und fest. Leichtschlaf wechselt mit Tiefschlaf, in dem die Katze manchmal schnurrt und gurrt. Ihren Tiefschlaf erkennst du an der völligen Entspannung der Katzenmuskulatur. Er dauert immer nur wenige Minuten, dann kommt wieder eine längere Leichtschlafphase. Hirnstrommessungen haben gezeigt, daß Katzen im Tiefschlaf träumen.

Alles über Katzenrassen

Seitdem vor langer Zeit die Katze zum Haus- und Hoftier wurde, sind aus der Urform viele verschiedene Rassen gezüchtet worden.

Manche Rassekatzen haben einen „Stammbaum". Ein Stammbaum ist die Aufzeichnung der Katzenvorfahren. Stammbaumkatzen haben einen edlen Stammbaumnamen, zum Beispiel „Adeline von Tharau". Dieser Name zeigt an, daß das Kätzchen Adeline aus der Zucht der Familie Tharau stammt. Ein Stammbaum ist keine Garantie für deine Freude an einem Tier. Oft versteht man sich mit einer Mischlingskatze ohne Stammbaum besser als mit einer adeligen Rassekatze.

Wenn du ihnen übers Fell streichst, merkst du es genau: Es gibt zwei Hauptgruppen von Katzen, die Langhaarkatzen und Kurzhaarkatzen.

Langhaarkatzen haben ein langhaariges, weiches, seidiges Fell. Sie sind ruhig und ausgeglichen, oft etwas weniger lebhaft als Kurzhaarkatzen.

Kurzhaarkatzen haben ein kurzes Fell. Sie werden nach ihrem Körperbau in zwei Gruppen unterteilt: in den plumpen Typ und den schlanken Typ. Plumptyp-Katzen haben einen etwas massigeren, breiteren Körper. Zu ihnen zählen unsere normalen Hauskatzen, die „Europäisch Kurzhaar" genannt werden.

Welche Katze paßt zu dir?
Langhaarkatzen sind ruhige Schönheiten, deren Fell viel Pflege braucht. Kurzhaarkatzen haben meistens mehr Temperament und fordern dich oft zum Spielen auf. Am vielseitigsten ist sicher die Europäisch Kurzhaarkatze.

Hier findest du Informationen über die häufigsten Katzenrassen:

Perserkatzen stammen aus Persien und werden schon sehr lange gezüchtet. Die langhaarigen Perser haben einen massigen, breiten Körper mit kurzen, starken Beinen, buschigem Schwanz und großem Kopf. Die Nase ist sehr kurz. Dadurch erscheint ihr Gesichtsausdruck oft trotzig. Ihr Wesen aber ist ruhig und gelassen. Perser gibt es mit vielen Fellfarben.

Colourpointkatzen, zu deutsch „Farbpunktkatzen“, entstanden als Kreuzung aus Siam und Perser. Von der Siamkatze haben sie das temperamentvolle Wesen und die Farben geerbt, vom Perser das Langhaarfell. Die Colourpoints haben runde, große, blaue Augen. Sie können verschiedene Fellfarben haben.

Birmakatzen aus Asien gibt es erst ca. 70 Jahre in Europa. Sie haben ein halblanges, seidiges Fell und kreisrunde, blaue Augen. Birmas sind cremefarben und haben vier weiße Pfoten. Sie sind lebhaft und liebevoll, brauchen viel Beschäftigung und sind nicht gern allein.

Manxkatzen stammen von der Insel Man im irischen Meer. Sie haben keinen Schwanz oder nur einen winzigen Stummelschwanz. Durch Inzucht der Inselkatzen ist einst diese Mißbildung entstanden. Die schwanzlosen, kurzhaarigen Tiere können kaum springen und nur schlecht klettern. Ihre hoppelnde Fortbewegung hat nicht die Anmut anderer Katzen. Aber sie sind sehr intelligent, anpassungsfähig und anhänglich.

Europäisch Kurzhaarkatzen sind die normalen Haus- und Hofkatzen, wie du sie wahrscheinlich kennst: mit kurzhaarigem, sehr dichtem Fell und kräftigem, breitem Körper.
Die Katzen dieser Gruppe werden in zahlreichen Rassen gezüchtet. Es gibt sie mit sehr vielen Farben und Zeichnungen: weiße, schwarze, braune, rote, einfarbige und mehrfarbige, gestromte und getigerte, getupfte und gepunktete.

Kartäuserkatzen gehören ebenfalls zu den Europäisch Kurzhaarkatzen. Sie haben schönes blaues Fell, das besonders dicht ist und seidig glänzt. Kartäuser haben gelbe, orangefarbene oder kupferbraune Augen.

Abessinierkatzen
sind schlanke Kurzhaarige mit langem Kopf, großen Ohren und schwarzen Fußballen. Diese Tiere sehen den Tempelkatzen sehr ähnlich, die im alten Ägypten als Heilige verehrt wurden.
Die Abessinier hat ein Aguti-Fell: Das bedeutet, jedes einzelne Haar hat vier verschiedene Farbzonen. An der Haut ist es butterfarben, danach kommen eine dunkle und eine rotbraune Zone, und an der Spitze ist es schwarz.

Abessinier sind sehr sanft und anhänglich. Sie brauchen viel Zuwendung und erzählen fast so viel wie Siamkatzen. Ihre Stimme ist sehr weich und angenehm.

Siamkatzen sind besonders anhänglich und wollen stets in der Nähe ihres Menschen sein. Sie brauchen immer Beschäftigung, wollen spielen und schmusen. Sie erzählen gern, oft und viel – und manchmal auch sehr laut. Für diese Katze ist die Bindung an den Menschen wichtiger als an ihr Hausrevier. Deshalb kann man mit ihr auch verreisen und sogar an der Leine gehen. Siams sind sehr feingliedrige, zarte Kurzhaarkatzen. Die Urform ist sandfarben mit dunklen Ohren, Pfoten, Schwanz und Gesicht. Inzwischen wurden viele Farbvarianten gezüchtet.

So ist meine Katze

Wenn du eine Katze hast, dann weißt du, daß sie eine ganz eigene Persönlichkeit ist. Auch bei Katzen von Freunden oder Bekannten ist dir das vielleicht schon aufgefallen.
Wie würdest du deine Katze beschreiben? Was ist ganz besonders an ihr?
Male einen Kreis um die Eigenschaften, die du bei deiner Katze findest.

Temperament

Meine Katze ist ...

sehr ruhig — sehr aktiv und lebendig

oft aufgeregt — selten aufgeregt

oft schlecht gelaunt — fast nie schlecht gelaunt

sehr freundlich — etwas aggressiv

oft ängstlich — nie ängstlich

ganz schön mutig — nicht sehr mutig

Freundschaft

Meine Katze …

will oft Zuwendung	will oft in Ruhe gelassen werden
schmust gern	schmust nicht gern
hört selten auf mich	hört fast immer auf mich
mag Fremde nicht besonders	freundet sich auch mit anderen an
redet selten mit mir	erzählt mir viel
spielt gern mit mir	spielt lieber allein

Und was ist deine Katze noch?
Was macht deine Katze besonders gern?

Da muß es klingeln!

„Klingelt" es bei dir, wenn du die folgenden Wörter hörst? Das sollte es tun. Denn durch diese Gegenstände drohen deiner Katze Gefahren.

Zimmerpflanzen!
Meist ist es nur etwas ärgerlich, wenn deine Katze an Zimmerpflanzen knabbert. Gefährlich wird es aber bei Giftpflanzen. Unbedingt wegstellen!
Giftige Pflanzen sind zum Beispiel Weihnachtsstern, Oleander, Christusdorn und Primel.

Flohhalsband!
Eine Katze kann mit ihrem Halsband im Freien hängenbleiben und ersticken. Deshalb immer das Halsband abnehmen, wenn die Katze ins Freie darf!

Wollfaden!
Manchmal verschlucken Katzen Wollfäden oder andere Sachen beim Spielen. Das kann in Magen und Darm zu schlimmen Schmerzen führen.
Beim Spielen deshalb immer aufpassen, daß die Katze nicht auf dem Wollfaden kaut!

Herdplatte!
An einer heißen Herdplatte kann sich die Katze schlimm verbrennen. Sie darf deshalb nie auf den Herd springen. Beim Kochen mußt du gut auf sie aufpassen, denn manche Naschkatzen können sich nicht beherrschen.

Kerze!
Brennende Kerzen nie unbeaufsichtigt lassen! Katzen können sich leicht verletzen und vielleicht die Kerze vor Schreck umwerfen.

Was frißt meine Katze?

Katzen sind Fleischfresser. Du kannst dein Tier mit kleingeschnittenem und magerem Muskelfleisch von Rind, Pferd, Ziege, Schaf, Schwein und Geflügel füttern. Das Fleisch kann roh oder gekocht sein und sollte keine Knochen enthalten. Schweinefleisch und Geflügel sollte man besser gekocht füttern, um Krankheitserreger zu vermeiden. Auch Innereien wie Hirn, Lunge und Herz mag deine Katze. Fleisch füttert man nur ungeräuchert und ungewürzt, Fisch nur gekocht und grätenfrei.
Wer täglich Fleisch füttert, gibt einer erwachsenen Katze morgens und abends je etwa 80 bis 150 g.

Gemüse ist wichtig

Katzen brauchen auch Vitamine und andere Ergänzungsstoffe. Wenn du dein Tier mit Frischfleisch fütterst, solltest du täglich 10 bis 20 g Gemüsekost dazugeben. Nimm rohes und fein geschabtes oder gedünstetes und zu Mus verriebenes Gemüse. Dafür eignen sich Möhren, Kohl, Salat, Reis und Kartoffeln.

Fünf Regeln für die Fütterung

1. Futter immer abwechslungsreich, frisch und mit Zimmertemperatur reichen! Zum Futter gehört stets eine Schale mit frischem Wasser.
2. Morgens und abends zur selben Zeit füttern! Die Katze gewöhnt sich daran.
3. Zwischen den Mahlzeiten mit Leckereien sehr sparsam sein! Auch wenn die Katze um kleine Leckerbissen bettelt.
4. Wöchentlich das Gewicht der Katze kontrollieren! Sie soll weder verfetten noch abmagern. Jüngere, kräftige, lebhafte Katzen brauchen mehr Futter als ältere.
5. Stubentiger ohne Ausgang brauchen zur Magenreinigung Gras im Blumentopf oder in einer Grasschale.

Das Famose aus der Dose
Bequemer als frisches Futter ist die Fütterung mit Dosenfutter. Alle Fleisch- und Pflanzennährstoffe, die deine Katze braucht, sind darin enthalten. Auf den Dosen ist angegeben, welche Menge deine Katze täglich braucht. Trotzdem solltest du ihr mindestens einmal wöchentlich Frisches gönnen.

Zusätzliche Leckereien
Katzen lieben Knabberkost, zum Beispiel Trockenfutter aus dem Supermarkt, aber auch Milchprodukte und Eier. Gönne deiner Katze sparsam ein- bis zweimal wöchentlich eine solche Leckerei als Zusatzfutter! Aber vorsichtig, manche Katzen bekommen davon Durchfall.

Speiseplan für meine Katze

Meine Katze bekommt …	Montag	Dienstag	Mittwoch	Donnerstag	Freitag	Samstag	Sonntag
Muskelfleisch							
Innereien							
Fisch, gekocht							
Pflanzenkost							
Dosenfutter							
Leckereien							
Trockenfutter Ei Milchprodukte							

In dieser Tabelle kannst du die Tagesmenüs für deine Katze festlegen. Trage in den Tagesspalten die Tagesmenge (zum Beispiel: 50 Gramm) ein. Gestalte deinen Katzenspeiseplan möglichst abwechslungsreich!

Wichtig: Diesen Plan kannst du vor einer Reise an den Pfleger weitergeben, der deine Katze dann versorgt.

So pflegst du deine Katze

Katzen sind recht selbständig. Trotzdem brauchen sie Pflege und Fürsorge. Deshalb solltest du auf einige Punkte besonders achten.

Regelmäßiger Besuch beim Tierarzt
„Zweimal täglich füttern – zweimal jährlich zum Tierarzt!" – nach dieser Regel kannst du handeln. Zum Tierarzt-Check sollte deine Katze auch dann, wenn sie nicht krank ist. Der Arzt untersucht sie genau. Er kontrolliert ihre Zähne, mißt ihre Körpertemperatur, untersucht die Haut. Und er impft die Katze, falls das notwendig ist. Der regelmäßige Arztbesuch hilft, Krankheiten schon am Anfang zu stoppen. Denn Vorbeugen ist besser als Heilen.

Fellpflege
Fellpflege ist beim jährlich zweimaligen Fellwechsel besonders nötig, also beim Wechsel vom Winter- auf das Sommerfell und umgekehrt. Dabei verliert die Katze besonders viele Haare. Sie sollte dann täglich gebürstet werden.

Außerhalb dieser Zeit genügt die Fellpflege bei Langhaarigen wie Perserkatzen zweimal die Woche, bei Kurzhaarigen einmal wöchentlich. Wenn deine Katze sich sehr gern bürsten läßt, kannst du sie auch öfter verwöhnen.
Gebürstet und gekämmt wird stets ganz behutsam mit dem Fellstrich.

Dabei werden lose Haare, Hautschuppen und vielleicht auch Flöhe entfernt. Knotige Haarverfilzungen schneidet man mit einer Schere ganz vorsichtig heraus.

Augenpflege
Eine Pflege der Augen ist nur notwendig, wenn die Katze einen harten Fremdkörper im Auge hat. Das erkennt man zum Beispiel daran, daß am späten Tag noch krustige Teilchen in den Augen hängen – du kennst das wahrscheinlich von deinen Augen! Die Katzenaugen werden ganz vorsichtig mit einem weichen, handwarmen Tuch ausgewischt. Das Tuch darf nicht fusseln. Gut ist auch ein weicher Schwamm. Am besten läßt du das einen Erwachsenen machen.

Zahnpflege
Der beste Schutz vor kranken Katzenzähnen ist eine gesunde, abwechslungsreiche Ernährung. Wichtig ist die Entfernung von Zahnstein. Die Zahnsteinkontrolle gehört zum jährlich zweimaligen Tierarztbesuch.

Ohrenpflege
Bei seiner Katzenwäsche putzt dein Tier auch seine Ohren – aber meistens nur von außen. Kratzt sich deine Katze häufig im Ohr, sollte der Tierarzt nach ihr sehen.
Stark behaarte Ohrmuscheln sind vor dem Eindringen von Staub und anderen Fremdkörpern gut geschützt. Bei Katzen mit nackten Ohrmuscheln muß man die innere obere Muschel manchmal reinigen. Am besten ganz vorsichtig mit einem Wattestäbchen, das mit Hautöl betupft ist. Laß dir vom Tierarzt einmal zeigen, wie man das macht! Er sagt dir auch, ob diese Pflege bei deiner Katze notwendig ist. In das tiefere Innenohr der Katze darf man niemals eindringen – dabei besteht große Verletzungsgefahr für das Tier!

Krallenpflege

Das übernimmt eine gesunde, erwachsene Katze selbst. Sie wetzt ihre Krallen am Kratzbaum und beißt manchmal die Krallenspitzen ab.
Falls deine Katze einmal vergißt, eine Kralle zu kürzen, gehst du mit ihr am besten zum Tierarzt.

Baden

Baden mögen Katzen überhaupt nicht. Bei einem gesunden Tier ist es auch nicht notwendig.
Wenn deiner Katze aber einmal ein Mißgeschick passiert, kann das Baden und Einschäumen des Fells lebensnotwendig werden. Zum Beispiel, wenn sie sich auf einem Ausflug mit Farbe von einem Zaun oder einer Hauswand oder mit Öl oder Chemikalien beschmiert hat. Der gefährliche Stoff muß abgewaschen werden, bevor die Katze ihn ableckt. Sonst gerät er in den Magen und vergiftet sie. Das Badewasser sollte etwa 38° C warm sein. Ein mildes Ei-Shampoo, das wenig duftet, ist für das Katzenfell gut geeignet. Nach dem Einseifen und Abspülen solltest du sie mit einem weichen Handtuch sanft trockenreiben und warmhalten.

Das Zuhause deiner Katze

Eine Katze hat meist drei Bezugspunkte, die in ihrem Leben eine große Rolle spielen: dich als ihren Partner, ihr Heim und ihr Jagdrevier. Ein Jagdrevier haben nur Katzen, die ins Freie dürfen.

Du bist der Partner deiner Katze. Sie ist auf dich angewiesen. Du gibst ihr zu fressen, spielst und schmust mit ihr, sorgst für ihr Wohlbefinden. Deshalb bist du ein wichtiger Teil ihres Lebens. Vor allem dann, wenn sie allein ist und keine Partnerkatzen hat. Und wenn sie ausschließlich in der Wohnung lebt.

Das Katzenheim muß sicher sein
Gesunde Katzen sind neugierig und stets auf der Suche nach einer Ausgangsmöglichkeit. Deshalb mußt du besonders gut auf deine Katze aufpassen, wenn ihr in einer Etagenwohnung ohne Garten lebt, vor allem, wenn eure Wohnung in einem höheren Stockwerk liegt.
Alles, was sie gefährdet, muß gesichert werden. Zum Beispiel sollte ein Balkon mit einem Netz dicht abgespannt werden, damit sie nicht herunterspringen kann. Häufig geöffnete Fenster und Lüftungsschächte kann man mit Fliegendrahtgaze sichern. Türen und Dachfenster dürfen nie unbeobachtet offenstehen. Denn eine aus großer Höhe abstürzende Katze verletzt sich meist und läuft weg. Ihre elastischen Knochen können nämlich nur Stürze aus einer gewissen Höhe abfangen. Ab dem ersten Stockwerk aufwärts besteht Verletzungsgefahr.

A-Heim und B-Heim

Zum Zuhause einer Katze gehören zwei Bereiche: das erste Heim und das zweite Heim. Man kann sie auch „A-Heim" und „B-Heim" nennen. Das A-Heim ist der unmittelbare Lebensbereich der Katze, dort, wo sie sich sicher und gut aufgehoben fühlt. Das sind zum Beispiel in der Wohnung die Zimmer, in denen sie frißt und schläft, mit dir spielt und schmust. Oder auf einem Bauernhof die Scheune, in der sie ruht, ihr Nest baut und ihre Jungen gebärt und aufzieht.

Das B-Heim sind andere Orte in nächster Nähe. Zum Beispiel der Dachboden einer Etagenwohnung, auf den das Tier vielleicht manchmal darf. Oder auf einem Bauernhof die Ställe, Bäume, Hausecken, an denen sie auf ihren Ausflügen häufig vorbeikommt.

Das A-Heim ist für die Katze ganz besonders wichtig. Ihr A-Heim ist ihr Besitz, den sie mit allen Kräften verteidigt, wenn es sein muß. Deshalb sind viele Katzen unfreundlich gegenüber Fremden. Aus Katzensicht dringt der fremde Mensch in das Heim ein, das nur ihr und dir gehört. Zieht eine neue, fremde Katze ins Haus, zieht sich die alte oft zunächst zurück. Kommt die neue ihr zu nahe, gibt es handfeste Balgereien. Später vertragen sich die Tiere meist und teilen das Heim auf.

Das Jagdrevier

Eine Hauskatze mit Ausflugserlaubnis hat es besonders gut. Sie hat dich und die Geborgenheit des Heims, und sie darf auch noch ihr Freilaufbedürfnis ausleben. Zum Beispiel kann sie im Garten auf Mäusejagd gehen und andere Katzen treffen.

Wenn deine Katze ins Freie darf, wird sich mit

der Zeit ein fester Ausflugsrhythmus einstellen. Zum Beispiel kannst du sie abends hinauslassen, und sie kommt gegen Morgen wieder zu dir zurück. Freigängerkatzen sollten immer kastriert sein.

Draußen ist das Leben einer Katze manchmal lebensgefährlich. Vor allem in der Stadt. Autoverkehr und bissige Hunde bringen Gefahren. In einem Stadtgarten gibt nur eine Umzäunung

Sicherheit. Der Zaun muß zwei Meter hoch und am oberen Rand nach innen gebogen sein, damit die Katze nicht hinüberspringt oder -klettert.

Du darfst dich nicht darauf verlassen, daß deine Katze dir gehorcht, wenn du sie hinausläßt. Denn im Freien verliert ihr den Kontakt. Auch eine sehr anhängliche Katze wird bereits zum eigenwilligen Raubtier, wenn sie sich einige Meter von dir entfernt hat. Du bist ihr dann fremd. Das ist normal und gehört zum Katzencharakter.

Wenn die Katze reisen muß ...

Wenn du verreisen willst und dich auf die Ferien freust, stellt sich eine Frage: Was sollst du mit deiner Katze machen?

Fast jeder Katze tut man den größten Gefallen, wenn man sie nicht mit auf eine anstrengende Reise nimmt. Am besten bleibt sie in ihrem wohlbekannten Heim. Deshalb solltest du einen Pfleger suchen, der deine Katze in den Ferien zu sich nimmt oder sie in deiner Wohnung versorgt. Zur Not kannst du sie auch in eine gut geführte Tierpension geben. Das ist das Zweitbeste.

Wenn du aber deine Katze aus irgendwelchen Gründen unbedingt mitnehmen mußt, solltest du einiges Wichtige beachten.

Wohin am besten?
Ein besonderer Greuel sind für Katzen laute, hektische Orte. Deshalb sind eine ruhige Ferienwohnung oder ein Hotelzimmer für sie besser als ein lauter Campingplatz. Vielleicht kannst du deine Reise etwas nach ihren Bedürfnissen ausrichten.
Und: Nur einer gesunden Katze darfst du überhaupt eine Reise zumuten.

Wichtige Reisevorbereitung
Vor der Reise sollte die Katze gegen alle wichtigen Katzenkrankheiten geimpft sein. Wenn du ins Ausland fährst, gelten vielleicht besondere Impfschutzbestimmungen. Die mußt du erfüllen, damit deine Katze ins Land darf. Erkundige dich bei Reiseveranstaltern oder beim Konsulat des Urlaubslandes. Außerdem solltest du die schriftliche Zusage einholen, daß dein Tier am Reiseziel geduldet wird.

Katzenpflege auf der Reise
Bei einer Autoreise kann man am besten auf das Tier eingehen. Bei Schiffs-, Eisenbahn- und Flugreisen

kannst du zuvor erfragen, ob die Katze im Passagierabteil mitreisen darf oder ins Frachtabteil muß.
Die Katze sollte im Transportkorb oder mit Halsband und Leine auf deinem Schoß reisen. Sie braucht viel liebevolle Zuwendung und beruhigende Worte.
Während der Reise gibst du deinem Tier nichts oder nur wenig zu fressen, jedoch häufig ein Schälchen Wasser. Alle 2 bis 4 Stunden sollte die Katzentoilette zur Verfügung stehen.
Am Zielort angekommen, läßt du die Katze am besten zunächst in Ruhe. Sie wird langsam anfangen, das neue Heim zu erkunden. Erst wenn sie sich ein wenig beruhigt hat, solltest du ihr Futter anbieten.

Alles fertig für die Katzenreise

- Transportkorb
- Katzenhalsband mit Leine
- Futter- und Trinknäpfe
- Trocken- und Dosenfutter mit Dosenöffner
- Trinkwasser in Flaschen
- Katzentoilette und Toilettenstreu
- Plastikbeutel mit Gummibändern für die Streuentsorgung
- Wolldecke und Kissen
- Haushaltspapier und Handtücher

Wie sag ich's meiner Katze?

Katzen erziehen sich fast von allein. Wenn du ein drei- oder viermonatiges Kätzchen ins Haus holst, hat es

von seiner Mutter sicher schon alles Wichtige gelernt: Reinlichkeit beim Toilettengang zum Beispiel, eigene Fell- und Krallenpflege. Und das Partnerverhalten.

Katzenfreunde mögen Katzen auch deshalb, weil sie eigenwillig sind, fantasievoll und häufig liebenswert frech. Aber nicht jede Eigenwilligkeit kannst du deiner Katze erlauben.
Du mußt deiner Katze ein paar Hausregeln klarmachen. Sie darf nichts tun, was uns Menschen oder ihr selbst schadet. Zum Beispiel auf den Küchenherd springen. Oder an Polstermöbeln kratzen, an Pflanzen knabbern (die vielleicht sogar giftig sind), auf den Küchentisch springen und an unserem Essen schlecken. Oder ihr Geschäft neben der Katzentoilette verrichten anstatt darin.

Lob und Tadel

Wenn deine Katze etwas gut macht, solltest du sie gleich loben. Zum Beispiel, wenn sie als junges Tier erstmalig ihre Katzentoilette benutzt. Streichel sie dann und sei besonders nett zu ihr!
Wenn sie etwas macht, was sie nicht darf, mußt du sie tadeln. Anfänglich genügt ein hartes „Pfui!", laut und barsch ausgesprochen.

Eine Katze darfst du niemals schlagen. Das hilft nicht bei ihrer Erziehung. Es führt nur zu einem Vertrauensbruch zwischen dir und dem Tier. Eine ungehorsame Katze kann man mit einem ganz leichten „Nasenstüber" zurechtweisen. Denn das machen Katzen untereinander auch.

Tips & Tricks

Vielleicht reichen harte Worte manchmal nicht, um deiner Katze Unarten abzugewöhnen. Du kannst dann ausnutzen, daß Katzen wasserscheu sind. Und daß sie sehr feine Ohren und feine Nasen haben.

Wasserscheu: Wenn deine Katze etwas tut, was sie nicht soll, kannst du sie mit einem kleinen Wasserstrahl aus einer Pflanzensprühflasche abschrecken. Das ist für sie eine harte Strafe!

Lärm: Glockenrasseln mögen die empfindlichen Katzenohren nicht. Genausowenig das laute Zerknüllen von Zeitungspapier und knisternder Alufolie.

Gestank: Mottenkugeln sind Katzennasen ein Greuel. Man kann sie zum Beispiel auf Blumentöpfen auslegen, wenn die Katze das Knabbern an den Pflanzen nicht läßt.

Ganz wichtig: Tiere darf man nie quälen!

Immer sofort und gleichartig
Lob und Tadel müssen immer sehr schnell von dir kommen. Denn die Katze soll verstehen, warum sie gelobt oder getadelt wird. Sie muß ihr Tun noch in ihrer Erinnerung haben. Nur dann kann sie die Verbindung zwischen ihrer Tat und deiner Behandlung begreifen.

Sorgfältige Erziehung
Was einmal erlaubt war, sollte erlaubt bleiben. Und was du einmal verboten hast, muß immer verboten sein. Wenn die Katze zum Beispiel nicht in dein Bett darf, sollte sie das nie dürfen. Auch nicht, wenn sie Geburtstag hat, Weihnachten ist oder sie besonders lieb und laut vor deiner Schlafzimmertür bettelt!

Überlege dir, was du deiner Katze erlauben willst und was nicht. In dieser Liste kannst du ankreuzen und aufschreiben, was deine Katze nicht darf. Auch alle anderen im Haus müssen sich an die Spielregeln halten.

Meine Katze darf nicht …

- [ ] ins Freie
- [ ] auf den Balkon
- [x] auf den Küchentisch
- [x] von meinem Essen naschen
- [x] an Zimmerpflanzen knabbern
- [x] in mein Bett
- [ ] Vögel fangen
- [x] Mäuse ins Haus schleppen
- [x] in Kleiderschränke und -regale
- [ ]
- [ ]
- [ ]

Die Katzensprache

Du verstehst deine Muttersprache. Vielleicht lernst du in der Schule auch schon Fremdsprachen. Willst du deine Katze verstehen, solltest du noch etwas lernen: die Katzensprache. Anders als deine Muttersprache besteht sie nicht aus Worten, sondern aus drei Gruppen von Lebensäußerungen: aus Lauten, Körpersprache und Verhalten der Katze.

Untereinander verstehen Katzen sich sofort. Schon mit einer kleinsten Änderung der Pupillenweite, dem feinsten Spiel der Ohren, einem leichten Zucken des Schwanzes machen Katzen einander klar, was Sache ist. Ihre Körpersprache ist so fein, daß wir Menschen sie oft nicht verstehen.
Deshalb heißt es manchmal: „Katzen sind falsch." Aber Katzen sind nicht „falsch". Sie sind weder verschlagen noch unehrlich. Sie lassen stets deutlich erkennen, was sie meinen. Deshalb muß man lernen, die Katzensprache zu verstehen. Das gelingt dir leicht, wenn du deine Katze genau beobachtest.

Katzenlaute

Katzen sind sehr stimmbegabt. Kurzhaarrassen sprechen meist mehr als Langhaarrassen. Zum Beispiel maunzen sie, wenn sie dich begrüßen oder dich um Futter anbetteln.

Die Katzensprache beinhaltet über ein Dutzend Laute. Viele Katzenlaute sind auch mit wenig Übung sofort zu verstehen. Wenn du sie hörst, wirst du gleich wissen, was deine Katze sagen will. Denn zusammen mit den Lauten verwendet das Tier auch noch seine Körpersprache.

Mit Gurren und Schnurren drückt die Katze Wohlbehagen, Entspannung oder Freude aus. Auch das Fiepen von Welpen und das Zwitschern einer Katzenmutter sind sanfte Laute. Wenn junge Kätzchen fiepen, rufen sie nach ihrer Mutter, weil sie zum Beispiel Hunger haben oder frieren. Die Mutter hört diesen feinen Ruf und kommt sofort zu ihren Welpen.

Mit Miauen und Maunzen spricht eine Katze, wenn sie etwas fordert, sich beklagt oder sanft protestiert. Oder wenn sie verwirrt ist. Viel lauter sind das Knurren und Grollen (bei Angst, Schmerz und als Drohung), das Jaulen und Kreischen (bei Angst und Schmerz) und das drohende Fauchen. Beim Fauchen stößt die Katze warme Atemschwälle aus. Deren Geruch verstärkt die Wirkung des Fauchens.

Fiepender Welpe, fauchender Kater und maunzende Katze.

Körpersprache

Das Katzengesicht kann sehr viel ausdrücken. An der Weitung ihrer Pupillen, der Stellung ihrer Ohren und ihres Mauls erkennst du, was deine Katze fühlt. Zum Beispiel Neugier. Oder Zufriedenheit.

Achte auch auf den Schwanz! Gesträubtes Fell und zuckender oder auf den Boden pochender Schwanz zeigen eine große Erregung an.

Katzen sprechen durch ihr Verhalten

Wie alle Tierarten zeigen Katzen bestimmte Verhaltensweisen. Vorwiegend ist das Verhalten ererbt; es wurde bereits vor Jahrtausenden von den Vorfahren erworben.

Ein solches Katzenverhalten ist zum Beispiel der Hang zur Höhe: Katzen lieben hohe Aussichtsplätze. Die Höhe sorgt für guten Überblick und gibt Sicherheit und Überlegenheit.

Kätzisch ist auch das Verstecken: Geht es der Katze nicht gut, zieht sie sich zurück. Sie will allein sein. Weicht deine Katze dir lange aus und versteckt sich, stimmt mit ihr etwas nicht. Meist ist sie dann krank und muß zum Tierarzt.
Achte einmal darauf: Oft ist die Stimmung eines Haustiers eine Antwort auf deine eigene. Bist du zum Beispiel traurig oder krank, kommt die Katze häufig zum Schmusen zu dir. Bist du bester Laune, ist sie es meist auch!

Wenn du den Test auf der nächsten Seite gemacht hast, weißt du mehr über die Katzensprache.

Teste deine Beobachtungsgabe!

Beobachte einmal eine Katze über eine längeren Zeitraum, vielleicht zwei Wochen lang. Schau sie dir in den verschiedensten Situationen genau an. Welches Verhalten kannst du beobachten, und was will die Katze damit sagen?

Das kann ich beobachten:

Sie macht einen Buckel.

Sie knurrt heftig.

Sie zuckt mit dem Schwanz.

Sie hat große Pupillen, und die Ohren sind angelegt.

Sie schnurrt.

Sie hat große Pupillen, und die Ohren sind nach vorn gerichtet.

Sie faucht und spuckt.

Sie maunzt mit erhobenem Schwanz.

Sie lümmelt sich ausgiebig auf einer weichen Unterlage.

Sie döst mit halb geschlossenen Augen.

Sie hat ganz kleine Pupillen, und die Ohren sind aufgerichtet.

Das will die Katze damit sagen:

Wohlbehagen

Zufriedenheit

Angst

zwiespältige Stimmung

Drohung

Verärgerung

Neugier

Beschwerde

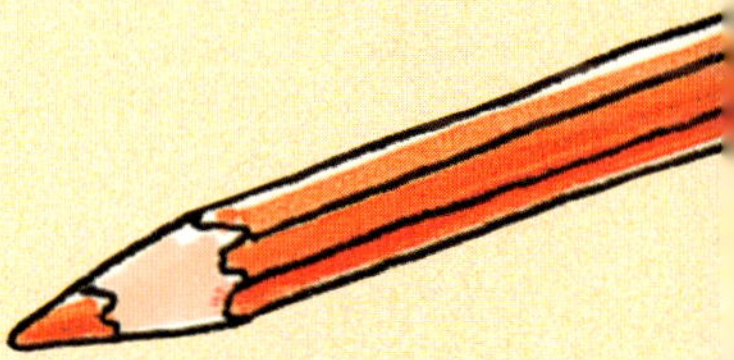

Verteidigungshaltung

Angriffsbereitschaft

Was gehört wohl zusammen?
Ziehe Linien von deinen Beobachtungen zu dem, was die Katze wohl damit sagen wollte.
(Eine Auflösung findest du auf Seite 63. Dort kannst du herausfinden, ob du gut beobachtet hast.)

Wenn Katzen Junge bekommen

Manche Menschen züchten Katzen. Sie lassen Kater und Kätzin zusammenleben und Kinder bekommen. Den Nachwuchs verkaufen oder verschenken sie. Hier erfährst du jetzt, wie Katzen Junge bekommen. Denn das ist eine schöne und spannende Sache.

Die Paarung

Eine Kätzin ist mehrmals im Jahr etwa zehn Tage lang brünstig. In dieser Zeit duldet sie Kater in ihrer Nähe und läßt sich begatten.

Die Trächtigkeit

Die Trächtigkeit der Kätzin (die Zeit zwischen Zeugung und Geburt, in der die Babys im Mutterleib reifen) wird auch „Tragzeit“ genannt. Man erkennt sie daran, daß der Bauch der Kätzin immer dicker wird. Außerdem wird sie ruhiger und bewegt sich weniger. Die Tragzeit dauert neun Wochen. Schon vier Wochen nach der Zeugung haben die Babys im Mutterleib fast alle Organe entwickelt, zum Beispiel die Beine und die Augen.

Die Geburt

Nach etwa 63 Tagen kommt der Zeitpunkt der Geburt. Die kleinen Kätzchen wiegen dann rund 100 g und sind 10 bis 13 cm lang. Bei der Geburt preßt die Kätzin ihre Unterleibsmuskulatur zusammen. Dadurch werden die Kätzchen aus dem Mutterleib gedrückt, und zwar einzeln Baby für Baby. Ein durchschnittlicher Wurf hat vier Katzenbabys. Die Nabelschnur der Kleinen beißt die Kätzin bis auf einen kleinen Stummel ab. Sie benutzt dazu ihre spitzen Reißzähne.

Das Säugen

Nach der Geburt legt die Katzenmutter sich auf eine Körperseite und schubst die Babys an ihre Zitzen. Die Kleinen beginnen sofort, nach der Muttermilch zu saugen. Katzenmuttermilch ist für die Babys in der ersten Zeit die einzige Nahrung.

Erwachsen werden

Neugeborene Katzenbabys sind blind, taub und können nur kriechen. Erst nach zehn Tagen öffnen sich ihre Ohren, nach spätestens zwei Wochen die Augen.

Doch schon wenige Wochen nach der Geburt ist ein Kätzchen unabhängig von der Mutter. Im Alter von fünf Wochen kann es so fein sehen, schmecken, riechen, hören und tasten wie eine erwachsene Katze.

Es beginnt dann ausgiebig mit den Geschwistern zu spielen. Beim Toben, Klettern, Springen und Laufen lernt die junge Katze für ihr späteres Leben als Jägerin. Mit drei Monaten verhält sich das Jungtier ebenso geschickt und elegant wie eine lebenserfahrene ältere Katze.

Mein Katzentagebuch

Beobachte deine Katze einen Tag lang und schreibe auf, was sie alles erlebt. (Wann wacht sie auf, wie lange putzt sie sich, wo spielt sie am liebsten … ?)

… Uhr

… Uhr

… Uhr

... Uhr

... Uhr

... Uhr

Möchtest du das Tagebuch fortsetzen? Dann nimm einfach ein neues Blatt Papier zum Schreiben. Du kannst es zusammengefaltet in dieses Buch legen.

So bleibt deine Katze gesund

Wie hält man eine Katze gesund? Am besten durch richtige Ernährung, gute Pflege und viel Bewegung. Katzen sind robust und vital. Im Durchschnitt werden sie 14 bis 18 Jahre alt. Ein Sprichwort sagt, sie hätten sieben Leben. Das soll ausdrücken, wie zäh sie sind. Trotzdem können auch Katzen einmal erkranken. Vorbeugung und regelmäßige Kontrolle schützen am besten davor.

Der Impfschutz

Gegen einige der schlimmsten Katzenkrankheiten (Katzenseuche, Katzenschnupfen und Tollwut) kann eine Impfung schützen. Laß für dein Tier beim Tierarzt einen Impfpaß anlegen. Und sorge für regelmäßige Schutzimpfungen. Der Tierarzt wird dir sagen, wann die Impfungen aufgefrischt werden müssen.

Im Zweifelsfall immer zum Tierarzt

Gegen einige Katzenkrankheiten gibt es bewährte Hausmittel. Katzenfachleute können ihre Tiere manchmal selbst behandeln. Zur Erkennung und Behandlung von Krankheiten gehört jedoch viel Erfahrung.
Besser ist immer der Gang zum Tierarzt. Es strengt deine Katze zwar an, dient aber ihrer und deiner Sicherheit. Beim geringsten Verdacht auf eine schwere Erkrankung solltest du ihn aufsuchen. Am besten wählst du einen Fachtierarzt für Kleintiere in deiner Nähe.

Auf ein paar Krankheitszeichen kannst du selbst achten:

Flöhe, Läuse, Milben und Zecken kommen bei Katzen häufig vor. Vor allem bei Katzen, die nach draußen dürfen, solltest du in Fell, Haut und Ohren regelmäßig nach diesen Schmarotzern suchen. Gegen Flöhe, Milben und Läuse gibt es Medikamente. Zecken entfernt man mit einem Tropfen Öl und einer Zeckenzange aus dem Zoofachhandel.

Wunden jeder Art kann sich deine Katze beim Spielen und im Freien zuziehen. Sind sie groß, müssen sie gesäubert und verbunden werden.

Gesundheitspaß

Meine Katze ist geimpft gegen:

- ❑ Katzenseuche
- ❑ Katzenschnupfen
- ❑ Tollwut
- ❑ ....

❑ Meine Katze ist entwurmt worden.

Datum: ....

Name, Adresse und Telefonnummer des Tierarztes:

....

....

☎ ....

Zahnerkrankungen haben vor allem ältere Tiere. Deshalb muß das Gebiß vom Arzt regelmäßig kontrolliert werden. Zahnschmerzen deines Tieres zeigen sich oft durch merkwürdiges Fressen. Die Katze kaut einseitig und bildet viel Speichel.

Und im Zweifelsfall:
unbedingt zum Tierarzt!

Kleines Katzenquiz

Wie gut kennst du Katzen?
Unterstreiche die richtige Antwort.
(Die Auflösung findest du auf Seite 63 unten.)

1. Die Katze ist ein
a) Säugetier
b) Reptil
c) Kaltblüter

2. Die Katze hört
a) genauso gut wie du
b) besser als du
c) schlechter als du

3. Katzen sind verwandt mit
a) den Löwen
b) den Hunden
c) den Kaninchen

4. Wenn eine Katze schnurrt,
a) dann hat sie Hunger
b) dann ist sie krank
c) dann fühlt sie sich wohl

5. Beim Sich-Putzen sind Katzen
a) genauso gut wie du
b) besser als du
c) schlechter als du

6. Hunde und Katzen
a) vertragen sich nie
b) vertragen sich manchmal
c) vertragen sich immer

7. Katzen brauchen Kratzbäume
a) als Sportgeräte
b) für ihre Krallen
c) als Schlafplätze

8. Katzen fressen gern
a) Wollknäuel
b) gekochten Fisch
c) Marzipan

9. Katzen können besonders gut
a) singen
b) schleichen
c) tanzen

10. Katzen brauchen
a) ein Revier
b) Pausenbrote
c) Kleider

11. Katzenbabys können noch nicht
a) Milch nuckeln
b) sehen
c) schlafen

12. Schutzimpfungen sind für Katzen
a) überflüssig
b) manchmal nötig
c) wirklich wichtig

13. Katzen sind
a) dumm
b) sehr intelligent
c) vergeßlich

Auflösungen

Auflösung von Seite 54, Beobachtungstest:

Sie macht einen Buckel: Verteidigungshaltung
Sie zuckt mit dem Schwanz: zwiespältige Stimmung
Sie knurrt heftig: Drohung
Sie hat große Pupillen, und die Ohren sind angelegt: Angst
Sie hat große Pupillen, und die Ohren sind nach vorn gerichtet: Neugier
Sie schnurrt: Wohlbehagen, Zufriedenheit
Sie faucht und spuckt: Angriffsbereitschaft, Drohung
Sie maunzt laut mit erhobenem Schwanz: Beschwerde
Sie lümmelt sich ausgiebig auf einer weichen Unterlage: Wohlbehagen, Zufriedenheit
Sie hat ganz kleine Pupillen, und die Ohren sind aufgerichtet: Verärgerung
Sie döst mit halb geschlossenen Augen: Entspannung

Quizauflösung

Richtig sind diese Antworten:
1. a, 2. b, 3. a, 4. c, 5. b, 6. b, 7. b, 8. b, 9. b, 10. a, 11. b, 12. c, 13. b

ISBN 3 8094 1142 6

Gestaltung: Horst Bachmann
Redaktion: Ronit Jariv; Heike Friauf, Frankfurt
Redaktion für diese Ausgabe: Stefanie Rödiger
Herstellung und Gestaltung: Petra Zimmer
Herstellung für diese Ausgabe: Eva Kumar

Fotos: AKG, Berlin/Erich Lessing: 24, **Bildagentur IPO,** Linsengericht: 17 l., 19 u. l., 31 M.; 37, 48 u. r.; **Ulrich Niehoff,** Bienenbüttel: 47 u.; **Reinhard-Tierfoto,** Heiligkreuzsteinach-Eiterbach: 3, 4 o., 4 M., 5(4), 8(2), 9(2), 10 M., 12, 14, 15(2), 16 M., 16 u., 17 r., 18 l., 19 l., 20 l.(2), 20 M., 20 o. r., 25 u. l., 25 r., 26 r., 27, 28, 29, 30, 31 o. l., 31 u. l., 31 o. r., 31 u. r., 32 u. l., 32 r., 33(2), 34(3), 35(2), 36 o.(2), 38(2), 39, 40, 41, 42 l., 43, 44(3), 45(3), 47 o., 48 l., 49 (3), 50(2), 51, 52(4), 53(2), 54 r., 55 u., 56 o., 57 o., 57 M., 58/9(1), 58 o. l., 59(2), 62, 63 u.; **Save-Bild,** Augsburg/Steve Kaufman: 25 l.; **Silvestris,** Kastl: 20 u. r.; **Christine Steimer,** Wölfersheim: 2, 4 u., 6, 10 o. r., 10 u., 11(2), 13, 16 o., 18 r.(2), 19 M. r., 21, 23, 26 l., 32 o. l., 36 u., 42 r., 46, 54 l., 55 o., 56 u., 57 u., 58 u. l., 60, 61, 62/3 o.
Zeichnungen: Andrea Salisch, Wiesbaden: 13(2), 21(2), 22(4), 27(3), 28;
alle übrigen Zeichnungen: **Peter Nieländer,** Münster
Auf Seite 7 haben fogende Kinder gezeichnet: **Eva Jakob, Andrea und Verena Janisch**

Satz: FALKEN-Verlag GmbH, Niedernhausen/Ts.
Reproduktionen: Lithotronic, Frankfurt
Druck: Eurografica S.p.A., Marano Vicentino
Printed in Italy

048940196X817 2635 4453 6271